# Friedchen Göttle · Das Leben, die Liebe und Du

# Friedchen Göttle

# Das Leben, die Liebe und Du

Deutsche Nationalbibliothek verzeichnet diese Publikation in der
Deutschen Nationalbibliografie; detaillierte bibliografische Daten sind
im Internet über < http://dnb.d-nb.de > abrufbar.

© 2008 Friedchen Göttle
Satz und Layout: Buch&media GmbH, München
Umschlaggestaltung: Sébastien Renard
Herstellung und Verlag: Books on Demand GmbH, Norderstedt
Printed in Germany
ISBN 978-3-8334-8756-9

# Engel der Nacht

Heute Nacht habe ich im Traum einen Engel gesehn
er kam auf mich zu und sprach ganz sacht
ich kann keine alten Menschen bei euch auf der
Erde hier sehn
wo habt ihr sie alle hingebracht?

Ihr Leben war Arbeit und sie hat ihnen viel Freude
gebracht
ihre Kinder waren überall dabei
dieses Leben hat ihnen so viel Spaß gemacht
ihr Singen und Lachen klang so frei?

Ich kann keine strahlenden Kinderaugen mehr sehn
nur traurige Blicke, weil sie verängstigt, oder verlas-
sen und allein
wo ist die Liebe, die es einmal unter den Menschen
gab
sag mir, wo mag sie wohl sein?

Wo sind die fröhlichen Kinder alle hin
wer erzählt ihnen Geschichten wenn hereinbricht
die Nacht
wer schält ihnen Äpfel und Birnen vor dem offenen
Kamin
was habt ihr aus dieser Welt gemacht?

Wo sind die Zeiten, als sie noch saßen auf Großmut-
ters Schoß
und sie wiegte sie singend in den Schlaf hinein
oder sie erzählte ihnen von einem verzauberten
Schloss
warum kann das heute nicht mehr so sein?

Und spreche ich darauf junge Menschen an
dann winken sie ab und lassen sich nicht stören
doch leider leider denken sie nicht daran
dass sie auch einmal dazugehören

Ganz plötzlich ist der Engel dann verschwunden
und ich war wieder ganz allein
in meinem Ohr klingt immer noch seine letzte Frage
warum kann das heute nicht mehr so sein?

# Die verlorene Welt

Auf meinem Sofa da mache ich es mir gemütlich
und träume so langsam vor mich hin
in meinem Kopf da tummeln sich die Gedanken
und es geht mir so manches durch den Sinn

Ich sehe vor mir beängstigende Bilder
die habe ich so noch nie gesehen
leere Straßen leere Häuser
keine Menschen die vorübergehen

Öde Wälder kahl sind alle Felder
keine Gräser keine Blumen die dort blühen
nirgendwo sieht man noch Tiere
auch keine Vögel die vorüberziehen

Es herrscht eine unheimliche Stille
überall macht sie sich breit
nur gähnende Leere wohin ich auch schaue
ganz stille steht die Zeit

Sogar die Sonne ist kaum noch zu sehen
die Dunkelheit uns mehr und mehr überfällt
ich habe Angst, was ist geschehen
ich sehe nur noch eine verlorene Welt

# Ein bunter Vogel

Wenn ich ein bunter Vogel wär
nicht so groß und nicht so klein
Berge und Täler hätte ich dann unter mir
und würde dem Himmel immer nahe sein

Die ganze Welt könnte ich von oben sehn
unendliche Weite und alles winzig klein
ich könnte mit dem Wind und den Stürmen über die
Lande ziehen
von der Sonne begleitet mit ihrem goldenen Schein

Fremde Länder könnte ich sehen
Menschen und Tiere ohne Zahl
hohe Berge die immer von Schnee und Eis bedeckt
und von Weitem schon glitzern wie Kristall

Am Abend wenn die Sterne leuchten
und der Mond schleicht sich ganz langsam heran
dann sitze ich vor deinem Fenster
und klopfe leise an

Du nimmst mich dann in deine Arme
und bringst mich in dein Kämmerlein
dort sind wir glücklich für die nächsten Stunden
doch da möchte ich kein Vogel sein

# Gefangen im eigenen »Ich«

Ich stand am steilen Abgrund des Lebens
und wusste nicht ein noch aus
fest gehalten im eigenen Körper
und fand nicht mehr heraus

Die Dunkelheit hielt mich gefangen
im gleichen Augenblick
ich gab mich schon fast verloren
keinen Weg fand ich mehr zurück

In mir wütete ein böses Ungetüm
und zog mich in die Tiefe herab
tiefer und tiefer zog es mich hinunter
bis jemand seine hilfreiche Hand mir gab

So konnte ich entfliehen aus des Ungetüms Krallen
und fand in die Wirklichkeit wieder zurück
die Finsternis begann zu schwinden
sogleich im selben Augenblick

In der Ferne sah ich ein Leuchten
immer heller wurde das Licht
das Ungeheuer konnte mich jetzt nicht mehr fassen
und ich sah, wie es in sich zerbricht

# Der Abendwind

Ganz leise kommt der Abendwind
mit einem sanften Schleier umhüllt ihn die Nacht
in der Ferne höre ich die Abendglocken
der Mond kommt geschlichen ganz sacht

Oben am Himmel kann man die funkelnden Sterne
sehn
golden glitzernd und schön
der Mond er lächelt mir freundlich zu
und möchte mit mir auf die Reise gehen

Ich liebe diese Abendstunde
bevor sich alles begibt zur Ruh
wenn Schattengestalten an den Wänden tanzen
dann schaue ich ihnen so gerne zu

Danach gebe ich mich meinen Gedanken hin
wenn langsam hereinbricht die Nacht
und lodernde Flammen tanzen im Kamin
wird alles zu einem Traumbild gemacht

Draußen höre ich die Bäume rauschen
ihre Zweige säuseln mir ein Abendlied
der Wind weht durch die leeren Gassen
wenn das Nachtgespenst um die Häuser zieht

Ich fühle mich glücklich und geborgen
wenn mich die wohltuende Wärme umhüllt
ich träume den Traum der tausend Träume
und sehe an der Wand mein Schattenbild

So bin ich dann gefangen
in der Stille dieser dunklen Nacht
und werde auf Wolken schweben
bis ein neuer Tag erwacht

# Ein seltsamer Begleiter

Ich gehe sehr gerne in der Natur spazieren
so wie an jenem Sommertag zur späten Abendstund
doch plötzlich ging irgendjemand neben mir
es war ein großer schwarzer Hund

Ich hatte Angst und ging einfach weiter
als hätte ich ihn nicht gesehen
dann überlegte ich mir, was soll ich nur tun
und blieb ganz einfach stehen

Da ging er auch nicht weiter
ich glaubte es einfach nicht
dann stellte er sich direkt vor mich hin
und sah mir fragend ins Gesicht

Ich zitterte am ganzen Körper
und er sah mich mit seinen großen Augen an
da ging ich geraden Weges weiter
und er ging ruhig neben dran

Ich fing dann an mit ihm zu reden
er setzte sich vor mich hin und hörte mir zu
da verlor ich langsam meine Angst
und vertraute ihm im Nu

Dann begleitete er mich noch bis vor die Haustür
ich sagte zu ihm, ach komm doch mit
er aber ist wieder gegangen
und schenkte mir noch einen letzten Blick

Noch oftmals ging ich danach spazieren
immer zur selben Abendstund
ich habe zwar noch vieles gesehen
doch niemals wieder diesen treuen Hund

# Das Land meiner Träume

Oftmals finde ich die Wirklichkeit
so ungerecht und so schlecht
dann fliehe ich in das Land meiner Träume
dort finde ich mich immer zurecht

Da empfängt mich eine wohltuende Stille
in einer ach so heilen Welt
überall nur Friede Freundlichkeit und Liebe
so wie es mir gefällt

Dort blühen so viele bunte Blumen
ihr Duft verzaubert mich
vom Himmel strahlt die Sonne
alle Menschen lieben sich

Da gibt es keinen Ärger
keinen Hass und keinen Streit
ein jeder hilft dem andern
in friedlicher Zweisamkeit

Man sieht Kinder lachen und fröhlich singen
und wie sie tanzen einen Reigen dazu
ohne Ängste und ohne Schrecken
ja selbst der Herrgott lacht ihnen zu

Dort kennt man keine Angst vor der Zukunft
und vor keinen bösen Mächten, die unsere Welt zer-
stören
alle leben in Ruhe und Frieden
weil sie auf die Worte Gottes hören

Es gibt nur glückliche Menschen
der Himmel ist immer hell und klar
komm mit in das Land der Träume
dort werden alle Wünsche wahr

# Klage eines Ehemannes

Herr Meier spricht zu seiner Frau:
»Du musst mir dankbar sein
ich habe dich geheiratet
sonst wärest du heute noch allein

Du hast bei mir das schönste Leben
das man sich nur denken kann,
du versorgst die Kinder, gehst mit ihnen spazieren
ja so schön hat es doch kein Mann

Nebenbei machst du noch das bisschen Haushalt
bringst zeitig das Essen auf den Tisch
bist immer in der warmen Stube
und ich muss hart arbeiten, ach wie beneide ich dich

Du putzt zwar immer die Wohnung
was kann wohl schöner sein
dabei gehst du froh gelaunt durch alle Räume
und schaltest dir noch das Radio ein

Weil es dir bei mir so gut geht
trällerst du noch ein Liedchen vor dich hin
ich liege derweil überarbeitet auf der Couch
dabei merkst du nicht einmal wie müde ich bin

Dann fährst du mit den Kindern zum Einkaufen
natürlich freuen sie sich
das macht dir Spaß und du genießt dein Leben
aber wann denkst du auch einmal an mich?

Doch weil ich dich so liebe
bei Tag und auch bei Nacht
da hab ich dir heute etwas wunderschönes,
eine neue Kittelschürze mitgebracht

Ach hätte ich doch einen Wunsch frei
dann wüsste ich genau was ich tu«
wenn ich noch einmal auf die Welt komme,
dann möchte ich so ein schönes Leben haben wie du.

## Wuschel unser kleiner Gartenzwerg

Vorm Haus in unserm Blumengarten
kann einen kleinen Gartenzwerg man sehn
Wuschel so ist sein Name
und er möchte so gerne die große Welt mal sehen

Viele Menschen sieht er auf der Straße
und hört wie sie erzählen im Vorübergehen
von Bergen Täler Wald und Wiesen
und wie die Welt so wunderschön

Von alten Dörfern und großen Städten
so etwas hat er noch nie gesehen
von uralten Ruinen und stolzen Burgen
das alles möchte er doch so gern mal sehen

Und eines morgens in der Früh,
da dachte Wuschel heute oder nie
ich werde jetzt auf Wanderschaft gehen
und mir die ganze Welt ansehen

Es war an einem Sonntag-Morgen
im Sommer-Sonnenschein
da schaute ich aus dem Fenster
doch meine Blumen die standen da allein

Der kleine Zwerg, er war gegangen
um sich die schöne Welt mal anzusehen
ich nehme es ihm auch gar nicht übel
er musste immer auf einem Platz hier stehen

So wanderte Wuschel dann unverdrossen
vor einem hohen Berg da blieb er stehen
ich wollt ich wäre jetzt ganz hoch dort droben
da könnte ich die große weite Welt von oben sehen

Da kam vorbei auch schon Hops der Hase
und zupfte Wuschel an seiner Nase
ich werde dich hinaufbegleiten
du kannst auf meinem Rücken reiten

Und als sie endlich oben waren
da stieg unser Zwerg ab und blieb staunend stehen
wie ist die Welt so riesengroß
und auch so bunt und schön

Hops der Hase verabschiedete sich jetzt von ihm,
ich werde dich nicht vergessen,
meine Frau die wartet schon daheim auf mich
mit einem leckeren Grünkohl-Essen

Als unser Zwerg genug gesehen hatte,
da war er müde und dachte an zu Haus
im nächsten Frühling da wandere ich weiter
doch jetzt ruhe ich zuerst daheim mich aus

Da kam auch schon Max der Rabe und sagte,
komm kleiner Wanderer ich fliege dich hier heraus
halt dich an meinen Flügel fest
ich breite sie jetzt aus

So flogen sie durch die Lüfte
geradewegs nach Haus
der kleine Gartenzwerg er freute sich
und kam aus dem Staunen nicht mehr heraus

Doch als ich heute Morgen aus dem Fenster sah,
ich konnte es kaum fassen
Wuschel unser kleiner Gartenzwerg ist wieder da
er hat uns nicht verlassen

# Das gesunde Hausfrauen-Leben

Ich bin so gern zu Hause
hier lacht mich alles an
ich liebe sogar meine Arbeit
ohne die ich nicht mehr leben kann

Schon früh am Morgen weckt mich der neue Tag
ich springe gut gelaunt und fröhlich aus dem Bett
nach dem Bad da mache ich ein herrliches Frühstück
vor allem gesund und nicht so fett

Ich laufe die Treppen rauf und runter
renne in jedem Zimmer zum Putzen hin und her
mein Mann sagt, das hält dich munter
wenn nur alle Frauen wüssten, wie gesund die
Hausarbeit wär

Da braucht man doch kein Fitness-Studio
das Geld kannst du dir sparen
das Laufen hält dich ja so fit
und in die Stadt, da kannst du mit dem Fahrrad
fahren

Während mein Mann mir gute Ratschläge gibt
mache ich das Mittagessen und bringe es pünktlich
auf den Tisch
keine Minute zu früh und keine zu spät
denn so etwas das mag mein Gatte nicht

Nach dem Essen geht er dann zum Fernseher
und schaut sich die neuesten Nachrichten an
ich mache ganz schnell die Küche sauber
damit ich noch zum Einkaufen kann

Dabei beeile ich mich und bin frühzeitig wieder zu
Hause
mein Mann empfängt mich ganz liebevoll an der Tür,
siehst du, jetzt warst du auch an der frischen Luft
und ich sehe, sehr gut bekommt sie dir

Doch wenn du noch ein bisschen draußen bleiben
willst
will ich dir nicht im Wege stehen
du kannst dann ruhig noch ein bis zwei Stunden
an deine geliebte Gartenarbeit gehen

Wenn du später dann nach drinnen kommst
kannst du gleich das Abendbrot machen
danach machen wir uns einen gemütlichen Abend
am Fernsehen kommt eine gute Sendung, ich glaube
die ist zum Lachen

So gehen dahin die Tage
und wir, wir gehen mit
doch das eine muss ich sagen,
als Hausfrau, da bleibt man immer fit

# Die Nacht der tausend Träume

Ich schlafe mit offenen Augen
und träume so langsam vor mich hin
in dieser Nacht der tausend Träume
allein der Mond weiß, wo ich mit meinen Gedanken
bin

Dann sehe ich dich vor mir
die Zeit mit dir war wunderschön
wir haben einander verloren
denn du musstest von mir gehen

Es war die Zeit einer großen Liebe
warum muss alles Schöne so schnell vergehn
doch immer in einer Vollmond-Nacht
da werden wir uns wieder sehn

Dann bist du wieder bei mir
wie einst im Mondenschein
du nimmst mich in deine Arme
und sagst: »Du gehörst nur mir allein«

Jetzt sind wir für immer beieinander
und alles ist wieder wunderschön
es ist die Nacht der tausend Träume
und die werden nie vergehn

# Der arme kranke Ehemann

Herr Müller liegt krank zu Bette
alle Glieder tun ihm weh
von der Schulter bis zur Hüfte
und vom Kopf bis zum kleinen Zeh

Mein lieber Schatz, wie kann ich dir nur helfen,
spricht seine Frau und sorgt sich sehr
ach liebe Frau, ich glaub es geht mit mir zu Ende
bring mir bitte noch ein paar leckere Häppchen her

Wenn du heute gehst zum Kaufen
dann hätte ich noch eine letzte Bitt
bring für mich Pralinen oder Schokolade
und eine Flasche Bier noch mit

Und noch was, wenn du gerade da bist
schalte bitte mir das Radio ein
ein bisschen leise und zärtliche Musik
dabei schlafe ich vielleicht für immer ein

Frau Müller eilt die Treppe rauf und runter
es kommt auf jede Minute an
sie muss schnell alles besorgen
für ihren ach, so kranken Ehemann

Wie der Wind springt sie durch die Geschäfte
und kauft vom Besten was sie haben kann
dann eilt sie wieder schnell nach Hause
zu ihrem kranken Ehemann

Ganz behutsam geht sie durch die Wohnung
schleicht sich ganz leise an sein Zimmer ran
und denkt, hoffentlich ist er noch am Leben
mein geliebter guter Ehemann

Zärtliche Musik kann man hören
ganz leise öffnet sie die Tür
da sieht sie ihren Mann singend durchs Zimmer spa-
zieren
der sagt erschrocken, ach Liebling du bist schon hier

Ich glaube, es geht mir wieder besser
meinem Herrgott danke ich dafür
hast du auch nichts vergessen?
die Schokolade und das Bier

# Dorfgeschichten

In einem kleinen Ort zu leben
das ist zwar schön, doch nicht immer leicht
hier weiß jeder alles über jeden
wer wie viel verdient und wer etwas erreicht

Tine und Biene treffen sich tagtäglich
und tauschen die neuesten Nachrichten aus
sie schleichen abends durch die Gassen
und passen auf, wer wann kommt nach Haus

Jeden Tag drehen sie ihre Runde
und bekommen so manches mit
so ein bisschen Neugier regt die grauen Zellen an
und hält viel länger fit

Da kommt des Wegs Frau Dolle
sie hat schon wieder eine neue Jacke an
an ihrem Geburtstag hat sie doch erst eine bekommen
was sagt denn dazu ihr Mann

Ich hörte er hätte so ein tolles Auto
und eine neue Freundin noch nebenbei
na, der kann sich das alles leisten
schließlich ist er ja ein hohes Tier in der Partei

Und seine Frau die könnte ja überhaupt nicht kochen
ach, da ist ja nichts dabei
die haben doch Geld und können in ein Lokal gehen
denn bei ihnen da gäbe es nur, entweder Salate oder
Brei

Mir kam diese Woche zu Ohren
Herr Michel sei nicht mehr am Leben
ja, seine Frau, die hat schon wieder einen Neuen
ihr Alter hatte kaum den Löffel abgegeben

Familie Stein ist ja schon wieder in Urlaub
ihr Sohn und die Schwiegertochter hätten sogar eine
Reise frei
ja, Herr Stein hat eine große Erbschaft gemacht
und eine wunderschöne Villa im Ausland wäre auch
noch dabei

Ach, hast du schon gehört, Frau Fröhlich hätte
Bücher geschrieben
wo nimmt denn die das Geld nur her
ich werde bestimmt keines davon kaufen
und wenn es aus Gold oder Silber wär

Jetzt muss ich schnell heim an meine Arbeit
sonst kenne ich mich bald nicht mehr aus
ach ja, mir geht es ebenso
ich komme kaum noch aus dem Haus

Ja in so einem kleinen Ort
da vergeht die Zeit so schnelle
man ist immer bestens informiert
und das aus erster Quelle

# Spiel des Lebens

Manchmal ist es so schwer, mit dir zu leben
da glaube ich fast, der Boden unter mir bricht ein
ich verspüre Angst in deiner Nähe
und fühle mich verlassen und allein

Alles habe ich für dich getan
jeden Wunsch habe ich dir erfüllt
du hast es nicht einmal bemerkt
und dich immer in Schweigen gehüllt

Oftmals hast du mir sehr weh getan
das hat dich nicht gestört
ich habe nie bemerkt, dass du es bereust
eine Entschuldigung habe ich nie gehört

Und bist du bei mir, dann vermisse ich deine Gefühle
liebe Worte, hast du mir niemals gegeben
daheim, da willst du deine Ruhe
doch bist du fort, dann genießt du dein Leben

Ich fühle mich, belogen und betrogen
das ganze Leben hast du mir verbaut
ich hatte mir so viel davon versprochen
sogar alle meine Träume, die hast du mir geklaut

Wie soll ich jetzt nur weiterleben
oder zeigt ein Engel mir den Weg ins Glück
ich habe dir so viel gegeben
und bekomme nichts davon zurück

Vielleicht erwache ich eines Tages
und stelle fest, es war nur eine Träumerei
du bist an meiner Seite
mir geht es gut und ich fühle mich sorgenfrei

Denn immer noch geht jeden Morgen
am Himmel die Sonne wieder auf
ihre Strahlen leuchten mir entgegen
ich gebe die Hoffnung noch nicht auf

# Frei wie ein Adler

Schon lange gehören wir zusammen
doch in Wirklichkeit bin ich immer allein
du stehst vor mir wie eine Glaswand
ich schaue hindurch aber nicht in dich hinein

Oftmals spüre ich deine Kälte
und ein Schauer läuft mir übers Gesicht
dann muss ich mich immer fragen
bist du es oder bist du es nicht

Achtlos gehst du an mir vorüber
weit in die Ferne schweift dein Blick
du magst nicht länger hier verweilen
doch mich lässt du, wo du auch hingehst, immer
zurück

Wenn deine Blicke mich nicht mehr treffen
und du ferne von mir bist
fühlst du dich glücklich und zufrieden
wenn du andere Frauen siehst

Ich kann dich einfach nicht verstehen
warum muss das alles so sein
du erzählst mir tausend Lügen
und das finde ich sehr gemein

Des Nachts in meinen Träumen
da finde ich dich kaum
schweigend gehst du an mir vorüber
oder war alles nur ein böser Traum

Könnte ich die Zeit zurück jetzt drehen
so wie an der Wand die große Uhr
dann machte ich alles ungeschehen
es bliebe von dir nicht mal die kleinste Spur

Frei wie ein Adler würde ich mich fühlen
ohne Tränen und ohne Qual
ich könnte mich wie ein Vogel frei bewegen
und alles hieß: Es war einmal

# Träumereien einer Ehefrau

Als junge Frau da dachte ich mir
ach wie wird das Leben einmal schön
wenn die Kinder alle erwachsen sind
und ich muss nicht mehr zur Arbeit gehen

Da kommen bestimmt die schönsten Jahre
ich freute mich schon riesig darauf
morgens weckt mich dann die goldene Sonne
dann mache ich meinen Spaziergang in die Natur
hinaus

Und auf dem Weg nach Hause
kommt mir ein lieblicher Kaffeegeruch entgegen
herrlich duftende frische Brötchen stehen auf dem
Tisch
man braucht nur noch die Wurst dazwischen zu legen

Mein Mann hat ganz liebevoll den Tisch gedeckt
zärtliche Musik klingt durch den Raum
ja genau so hatte ich es mir immer vorgestellt
ich konnte es erwarten kaum

Danach hilft er mir beim Putzen der Wohnung
oder fährt zum Einkaufen in die Stadt
ich koche derweil sein Lieblingsessen
und mache als Vorspeise einen bunten Salat

Mein Mann ist voll des Lobes
und labt sich danach noch an meinem Dessert
er spült mir zum Schluss das ganze Geschirr
und sagt, dass ich die beste Köchin wär

Hinterher brauchen wir dann etwas Ruhe
und verdauen das Mittagsgericht
vom Himmel lacht uns freundlich zu Frau Sonne
da machen wir die Fensterläden dicht

Jeden Morgen weckt er mich mit einem zärtlichen
Kuss
und sagt mir, wie sehr er mich liebt
er vergisst niemals meinen Geburtstag
weil es für ihn keine andere gibt

Da steht er vor mir mit einem bunten Blumenstrauß
dem Schönsten den es irgendwo gibt
dann schließt er mich in seine Arme
und sagt mir, dass er mich noch wie am ersten Tag
liebt

Ganz plötzlich klingelt der Wecker
ich werde ganz unsanft aus meinen Träumen geweckt
da ruft auch schon mein Mann neben mir:
»Was, Du liegst noch im Bett, ich dachte du hättest
den Tisch schon gedeckt«

Ich bin noch in meinen Träumen
und finde nur langsam in die Wirklichkeit zurück
dann gehe ich an meine Arbeit
und durchlebe nochmals jeden Augenblick

Nach dem Frühstück, da habe ich mich entschlossen
ich fahre heute einmal in die Stadt
draußen ist herrliches Wetter
das wird ein wunderschöner Tag

Doch zuerst schreibe ich für meinen Mann noch
einen Zettel
auf dem folgende Worte stehen:
»Dein Mittagessen steht im Kochbuch auf Seite 16«
»Warum müssen Träume so schnell vergehen«

# Weib ärgere dich nicht

Wenn bei uns daheim irgendetwas passiert
dann bin ich doch immer schuld
ich bin ja auch nur die Ehefrau
doch langsam reißt mir die Geduld

Ich bin doch wirklich kein Fußabtreter
auf mir trampelt man doch nicht herum
ich kann ja schon vieles ertragen
und nehme auch selten etwas krumm

Doch manchmal ärgere ich mich mächtig
und die Sache wird mir zu dumm
dann mache ich einfach die Fliege
und drehe mich noch nicht einmal um

Da draußen lacht mich Frau Sonne an
als wollte sie mir sagen
das Leben ist doch viel zu kurz
da musst du doch nicht gleich verzagen

Ich gebe ihr ja auch recht
doch oftmals wird es mir zu viel
oder bin ich vielleicht ein Gummiball
mit dem man treibt sein Spiel

So gehe ich dann einfach weiter
am Wegesrand viele bunte Blumen blühen
über mir sehe ich eine Schar Vögel
die singend jetzt vorüberziehen

Ich fühle mich jetzt schon viel besser
und atme die wohltuende frische Luft
mein Weg führt mich durch grüne Wiesen
und ich genieße den herrlichen Duft

Dann bleibe ich ganz einfach stehen
und schaue mich staunend um
wie ist die Natur doch so wunderschön
sich da noch zu ärgern, das wäre ja wirklich zu dumm

# Die schönsten Momente

Kinderlachen ist wie ein Sonnenschein
es sind die schönsten Momente in meinem Leben
mit tausend Fragen dringen sie in dich ein
was kann es wohl Schöneres geben

Warum blühen bunte Blumen nur im Sommer
wenn sie auf der grünen Wiese stehen
im Winter kann ich sie nicht mehr sehen
müssen sie da alle schlafen gehen

Legt man sie dann in kleine Bettchen
und trägt sie zum Himmel hinauf
doch wenn im Sommer die Sonne scheint
weckt man sie dann wieder auf

Im Sommer wärmt uns doch die Sonne
da dürfen wir nach draußen gehen
warum ist es im Winter so kalt
da kann man doch manchmal die Sonne auch noch
sehen

Warum ist der Regen aus Wasser
das muss doch gar nicht sein
da kriegen wir nasse Kleider
und müssen in die Wohnung hinein

Warum sieht man einen Schneemann nur im Winter
da ist es so kalt und er ist ganz allein
im Sommer könnte er doch mit uns spielen
und unser Freund dann sein

Warum fällt der Schnee vom Himmel herunter
dort oben hab ich ihn doch noch nie gesehen
da ist doch auch gar nicht so viel Platz
weil dort die goldenen Sternlein stehen

Und wenn dann in der Nacht, die kleinen Sterne
leuchten
bis dass der Tag anbricht
wer schaltet dann das Sternenlicht aus
denn am Tag da braucht man es doch nicht

Wo sind all die kleinen Englein
darf man sie nur an Weihnachten sehen
hat man sie im Himmel eingesperrt
damit sie nicht herunter auf die Erde gehen

Und in der schönen Weihnachtszeit
da gibt es da oben so vieles zu tun
ich würde ihnen ja wirklich so gerne helfen
da könnten die Englein doch auch einmal ruhn

Du sagst doch, mein Schutzengel sei immer bei mir
warum kann ich ihn dann gar nicht sehen
ich würde so gerne einmal mit ihm spielen
und mit ihm hinauf zum Himmel gehen

Da oben ist doch auch der liebe Gott
ist das ein strenger Mann
glaubst du er würde es mir erlauben
dass ich meinen Schutzengel einmal sehen kann

Sag mir, muss ich noch sehr lange  warten
oder muss man erwachsen sein
vielleicht macht er kleinen Kindern nicht die Tür auf
und er lässt mich nicht hinein

Liebe Mama, kannst du ihm nicht mal schreiben
ich bin doch noch so klein
ich weiß doch, dass du manchmal mit ihm redest
bei dir da sagt er bestimmt nicht »Nein«

# Das Abendgebet

Bald sind am Himmel die Sterne zu sehen
der Mond kommt geschlichen ganz sacht
die kleinen Kinder müssen nun schlafen gehen
Mama hat sie ins Bett gebracht

Sie erzählt ihnen noch eine Geschichte
und deckt sie liebevoll zu
dann streichelt sie ihre Wangen
und wünscht ihnen noch eine angenehme Ruh´

Doch kaum ist Mama draußen
und schließt die Tür ganz sacht
da werden die beiden plötzlich munter
es wird geredet und gelacht

Und dann nach einer Weile
wird es im Zimmer ganz still
weil die ältere Schwester, die schon zur Schule geht
jetzt ihr Abendgebet sprechen will

»Unser Vater in dem Himmel« so betet sie
und der kleine Bruder hört staunend zu
da sagt zu ihm seine Schwester:
»Pass gut auf, denn morgen Abend da betest du«

Es war am nächsten Abend
da fällt dem kleinen Jungen nichts mehr ein
er weiß nur noch das eine,
irgendwas mit einem Vater, muss da gewesen sein

Draußen vor der Tür stand Mama
und lauschte der Worte die da kamen
der kleine Knirps faltete seine Händchen und betete:
»Mein Vater war ein Wandersmann« Amen

So gab es immer was zu lachen
die Zeit ging so schnell vorbei
und dann kam noch ein kleines Brüderchen
denn alle guten Dinge sind »drei«

Die Kinder sind wohlgeraten und längst erwachsen
sie sind der Sonnenschein in meinem Leben
wenn sie kommen dringt Freude durch das ganze
Haus
was kann es wohl Schöneres geben

# Schneegestöber im März

Ich schaute heute Morgen aus dem Fenster
so etwas hatte ich noch nie gesehen
Schneeflocken, die aussahen wie kleine Sterne
die sah ich langsam zu Boden gehen

Da kam der Wind und stieß sie in die Lüfte
dort ließ er sie ganz einfach stehen
da fingen sie an zu tanzen
und langsam sich im Kreis zu drehen

Ich öffnete dann behutsam das Fenster
und wollte sie nur leicht berühren
da flogen sie wieder gen Himmel
als wollten sie mich mit sich führen

Ihr Tanz wurde immer schneller
wie Schmetterlinge flogen sie hin und her
der Wind wirbelte sie wieder durcheinander
sie hüpften und freuten sich so sehr

Als von Ferne dunkle Wolken kamen
da sah ich sie noch im Kreis sich drehen
ein Sturm trieb sie hurtig auseinander
sie mussten tanzend wieder in die Lüfte gehen

Jetzt kam ein großes Schneegestöber
wie eine weiße Wolkenwand
ich konnte keine tanzenden Sterne mehr sehen
weil alles in einem Nichts verschwand

# Herbst-Romanze

Mit großen Schritten schreitet der Herbst durchs
Land
verzaubert alles mit seiner Farbenpracht
bunte Blätter durch die Lüfte tanzen
als hätte ein Maler sie gemacht

Der Wind hat seine Freude dran
er wirbelt sie alle hin und her
dann pustet er sie zum Himmel hinauf
als ob Papier es wär

Die Kinder genießen dieses Farbenspiel
und rennen ihnen hinterher
der Herbstwind bläst sie ihnen ins Gesicht
und freut sich immer mehr

Die letzten Blumen stehen noch am Wegesrand
sie nicken mit ihren Köpfchen hin und her
der Wind lädt sie ein zu einem Ringelspiel
darüber freuen sie sich so sehr

Der Herbst zeigt sich zum letzten Mal
in seiner bunten Pracht
danach ist er verschwunden
ganz plötzlich über Nacht

Am nächsten Morgen sieht man dann
wie alles zittert und friert
frostig und erstarrt ist Feld und Wald
der Winter ist jetzt einmarschiert

Die Natur, sie will nun schlafen gehen
gefroren ist der See
der Winter regiert jetzt das ganze Land
und bringt uns Eis und Schnee

# Die lachende Puppe

Lisa, so heißt das kleine Mädchen
sie versteht so vieles nicht
warum ist Papa jetzt da oben im Himmel
und Mamas Tränen die trocknen einfach nicht

Nebenan da wohnt die »Witwe Hilfreich«
so wird sie überall genannt
sie redet so gerne mit Lisa
und reicht ihr oftmals ihre Hand

Sie gehen fast täglich zusammen spazieren
und kommen an Spielzeugläden vorbei
da fragt die Witwe Hilfreich
was Lisas größter Wunsch wohl sei

Ich hätte Papa wieder so gerne
jedoch ich weiß, dass das nicht geht
er schaut mir zu von da oben
und wir sind zusammen in meinem Gebet

Drum wünsch ich mir zu Weihnachten eine Puppe
mit einem lachenden Gesicht
die zeig' ich dann meiner Mama
denn Tränen, die nicht trocknen, die mag ich ein-
fach nicht

Ich weiß, dass Mama mir keine kaufen kann
dafür haben wir kein Geld
deshalb habe ich gestern Abend Papa gebeten,
dass er mir eine im Himmel bestellt

Da freute sich Frau Hilfreich
und fing zu lächeln an
sie kann mal wieder etwas Gutes tun
indem sie Lisa helfen kann

Es war am Heiligen Abend, da saß unterm Weih-
nachtsbaum
eine lachende Puppe, die war so lieb und schön
Lisa brachte sie gleich zu Mama: Schau her,
so ein Lachen, möchten Papa und ich so gerne an
dir sehen

Am gestrigen Nachmittag, da sah ich Frau Hilfreich
auch Lisa und ihre Mutter waren dabei
es geschah etwas ganz Besonderes
ich hörte sie lachen, alle drei

Nicht überall gibt es eine »Frau Hilfreich«
die sind leider sehr dünn gesät
die meisten Nachbarn stellen sich blind
oder ihre Hilfe kommt zu spät

# Das Sterben der Wälder

Du wunderschöner grüner Wald
was ist mit dir passiert
deine stolzesten Bäume sind gefällt
und deine Wege total ruiniert

Dort wo ich oft spazieren ging
und atmete die wunderbare Luft
kein Vogel hör ich singen jetzt
am Wegesrand kein Blumenduft

Nur gähnende Leere kann man sehen
und sterbende Bäume in ihrer letzten Stund
ich kann nur fremde Geräusche hören, Motorsägen
und Traktoren die ihre Räder drücken in den Grund

Du einst so wunderschöner Wald
wenn ich deine stolzesten Bäume sterben seh
dann läuft mir ein eiskalter Schauer übers Gesicht
mein Herz, es tut mir ach so weh

Man sagt mir, das ist für den Wald ein Verjün-
gungsschnitt
in einhundertfünfzig Jahren werden hier wieder
stolze Bäume stehen
doch das ist ein schwacher Trost für mich
denn ich werde sie nicht mehr sehen

# Winterzeit – Vergangenheit?

O du wunderschöne weiße Winterzeit
wenn leise rieselt der Schnee
gehörst du nun zur Vergangenheit?
Wenn ich dich nicht mehr seh'

Bäume und Sträucher trugen ein dickes weißes Kleid
das war ganz herrlich anzusehen
Wiesen und Felder waren dicht verschneit
der Schneemann im Garten, er war so wunderschön

Oder wenn Kinder sich tummelten auf der Rodel-
bahn
und sie tobten in der weißen Pracht
mit rot gefrorenen Näschen kamen sie zu Hause an
sie haben sich gefreut und gelacht

Soll das nun alles Vergangenheit sein?
Bäume und Sträucher bleiben kahl
bleibt uns davon nur noch die Erinnerung?
Und wir können sagen: »Es war einmal.«

St. Niklaus kam immer mit seinem Schlitten an
er fuhr durch den tiefen weißen Schnee
gezogen von einem Renntiergespann
kommt er jetzt gefahren in einem BMW

Vielleicht ist es auch nur mal ein oder zwei Jahre so
und der Himmel will uns zeigen seine Macht
damit wir endlich begreifen sollen
es ist so, wie der Herr es macht

Oder der Winter mit seinem Schnee kommt in der
Frühlingszeit
wo sonst ein buntes Blumenspiel
dann kann es doch sein, dass er uns damit sagen will,
ich bringe den Schnee nur dann, wann ich es will

Vielleicht waren wir auch nicht dankbar genug
wir nahmen alles Schöne einfach so hin
und der Herr will uns lehren, dass nichts selbstver-
ständlich ist
es hat alles seinen besonderen Sinn

# Weihnachtszeit im Märchenwald

Ich ging einmal spazieren
In der schönen Weihnachtszeit
Wiesen Wege und Wälder
die waren tief verschneit

Schneeflocken sah ich durch die Lüfte tanzen
und ich war so ganz allein
da kam ein kleiner Hase
und zupfte mich am Bein

Da fing ich an zu klagen:
»Was hab ich dir getan?«
da setzte er sich neben mich
und sah mich fragend an

Ach ich wollte doch nur mit dir spielen,
das musst du doch verstehen
denn hier im dunklen Märchenwald
ist fast niemand mehr zu sehen

Das Rotkäppchen ist schon längst erwachsen
und ist eine hübsche Frau
auch Hänsel und Gretel haben beide eine Familie
das weiß ich ganz genau

Der Wolf, er war so gierig
den hat man fort gejagt
er fraß des Schäfers kleine Lämmlein
da hat der Schäfer ihn verklagt

Mein Großvater und der Igel
die leben immer noch im Streit
sie machen jeden Tag auf dem Felde ein Wettrennen
doch für mich, da haben sie keine Zeit

Ganz hinten im Wald da ist noch die Höhle
dort hin mag ich nicht gehen
darin wohnt der schlaue Fuchs
der sagt immer zu mir, drei mal drei wäre zehn

In der Nähe wohnt noch das Schneewittchen
aber die ist ja nicht allein
sie spielt mit den sieben Zwergen
und die lassen mich nicht hinein

Da ist noch Schneewittchens böse Stiefmutter
zu der würde ich bestimmt nicht kommen
die Polizei war bei ihr und hat das Gift gefunden
da hat sie »Lebenslänglich« bekommen

Weit draußen sind noch die Bremer Stadtmusikanten
die üben immer und singen im Chor
am lautesten schreit der Esel
auch der Hahn kräht allen etwas vor

Die brauche ich nicht zu fragen
die haben doch gar keine Zeit
sie machen keine Pause
man hört sie weit und breit

Und irgendwo wohnt Schneeweißchen und Rosenrot
bei ihnen da hab ich es auch schon probiert
aber die haben ja ihren Prinzen
der hat beide Frauen schon verführt

Es ist auch noch Jemand hier im Walde
der schaut mich immer so böse an
er trägt eine Flinte an seiner Seite
das ist ein Jägersmann

Dem mag ich nicht begegnen
und weiche ihm lieber aus
doch wenn ich einmal groß bin
dann jag ich ihn zum Wald hinaus

Da lachen alle Tiere
und ich bin dann ein Held
das freut mich ganz besonders,
als tapferster Hase auf der Welt

Nun sag, willst du vielleicht mit mir spielen
oder bring mich lieber zum Wald hinaus
dann laden wir alle Tiere ein
und feiern Weihnachten bei dir zu Haus.

# Die drei Tannen

Ich sah drei Tannen am Waldesrand stehen
majestätisch stolz und schön
ich wollte an ihnen vorübergehen
doch plötzlich blieb ich stehen

Da hörte ich sie laut miteinander reden
es war in der Weihnachtszeit
alles konnte ich verstehen
sie hatten einen heftigen Streit

Zuerst sprach die große Tanne:
»Ach seht doch nur mal richtig hin,
ihr beide werdet an Weinachten nicht gebraucht,
weil ich die Größte und die Schönste von euch bin«

Da antwortete die Kleinste von den dreien:
»Das bildest du dir nur ein,
seht nur mal meine hübsche Figur
und wie ich gewachsen bin so zierlich und so fein«

Dann hörte ich die dritte Tanne reden:
»Seid endlich still mit euerem Streit,
ich ganz alleine werde ein Weihnachtsbaum
und ihr beide habt nur Neid«

Ich ging ganz leise an ihnen vorüber
und wollte sie nicht stören,
sie stritten sich wegen einem Weihnachtsbaum
das konnte ich deutlich hören

Wie oft ich auch dort vorbeikam,
sie hatten immer eine Streiterei
dabei ging es jedes Mal um dasselbe
wer wohl die Schönste von ihnen sei

Es war kurz vor dem Heiligen Abend
da fing es ganz heftig zu schneien an
ich sah einen Schlitten am Waldesrand
mit einem Rentiergespann

Obenauf da saß der heilige St. Nikolaus
vor den Tannen da blieb der Schlitten stehen
da sah ich den St. Nikolaus
hin zu den drei Tannen gehen

Er sprach dann zu den Dreien:
»Ihr braucht euch nicht zu streiten,
ein jeder von euch wird ein Weihnachtsbaum
der ›Goldene Stern‹ wird euch begleiten«

Das Wunder wird geschehen
kurz vor der »Heiligen Nacht«
ihr werdet zur Freude aller Menschen
zu einem traumhaften Christbaum gemacht

Da staunten die drei Tannen
ihr größter Wunsch wird in Erfüllung gehen
sie werden am »Heiligen Abend« als leuchtender
Christbaum in strahlende Kinderaugen sehen

# Der Fehlerteufel

Heut muss ich Ihnen etwas erzählen
das Sie ganz bestimmt interessiert
schon wieder einmal ist es geschehen
der Fehlerteufel ist durch die Gegend spaziert

Dann kam er geschlichen ganz heimlich und sacht
und hat ganz leise die Tür aufgemacht
man könnte ihm manchmal den Hintern versohlen
schon wieder hat er einige Buchstaben gestohlen

Danach hat er an jeder Wand gelauscht
und hat noch ganz schnell ein paar andere vertauscht
stellen Sie sich vor, ein Herr Meier gewinnt den
1. PREIS
der Fehlerteufel klaut das »P« und Herr Meier
bekommt nur noch REIS

Für den kleinen Teufel ist das alles nur ein Spiel
mal klaut er wenig, mal klaut er viel
er hat draußen getanzt und gelacht
und hat sich dann schnell aus dem Staub gemacht

Man findet sie wirklich aller Orte
es sind kleine Teufelchen von der lustigsten Sorte
auch wenn er zu Ihnen kommt, dann nehmen Sie
das nicht so krumm, denn Fehlerteufel sind
bestimmt nicht dumm

Bitte glauben Sie mir, ich habe es selber gesehen
dass Fehlerteufel nur zu netten Menschen gehen
Oh – ich sehe, jetzt hat er gerade ein »L« gestohlen
bei mir
ich renne ihm gleich nach, vielleicht erwische ich
ihn noch
vor der Tür

# Inhalt